십자가의 길
컬러링 BOOK

JN411711

십자가의 길

컬러링 BOOK

교회 인가 | 2024년 12월 19일
1판 1쇄 | 2026년 1월 25일

글쓴이 | 조재형
그린이 | 조재형
펴낸이 | 김사비나
펴낸곳 | 생활성서사
편집인 | 윤혜원
편집 자문 | 허찬욱 **디자인 자문** | 이창우, 최종태, 황순선
편집장 | 박효주 **편집** | 김병수, 안광혁, 이광형
디자인 | 강지원 **제작** | 유재숙 **마케팅** | 노경신 **온라인 홍보** | 박수연
등 록 | 제78호(1983. 4. 13.)
주 소 | 서울특별시 강북구 덕릉로42길 57-4
편 집 | 02)945-5984
영 업 | 02)945-5987
팩 스 | 02)945-5988
온라인 | 신한은행 980-03-000121 재) 까리따스수녀회 생활성서사
인터넷 서점 | **www.biblelife.co.kr**
가톨릭 교회의 모든 도서는 '생활성서사' 인터넷 서점에서 만나실 수 있습니다.

ISBN 978-89-8481-708-1 03230
책값은 뒤표지에 있습니다.

경기천년바탕체를 사용하였습니다.

십자가의 길

글 · 그림 조재형

추천사

우리는 십자가의 길에서 때로 이유를 알 수 없는 아픔을 마주합니다. 주님의 상처를 바라보기보다 외면하고 싶어지는 나 자신을 발견하기도 하지요. 신부님의 묵상을 읽으면, 주님께서 아픔 속으로 우리를 밀어 넣는 것이 아니라 '머무름의 시간'으로 초대하고 계심을 느끼게 됩니다. 사순 시기가 단지 '견디는 시간'이 아니라, 주님과 함께 걸으며 그분의 고통까지 사랑할 수 있는 시작으로 변화됩니다. 글을 읽고 마음이 가는 색으로 그림을 채워, 우리의 손과 눈과 마음으로 함께 드리는 기도가 은총의 시간이 되기를 바랍니다.

젠 Zen(가톨릭 일러스트레이터) @loving._.zen

예수님의 사랑이 담긴 십자가의 길 여정을 걸어가며, 각 처에서 주님의 고통과 사랑을 마음에 새길 수 있도록 구성된 컬러링 북입니다. 성당에 방문하여 기도하기 어려운 분들부터 주일 학교 어린이, 청년, 어르신까지 신앙인 모두 손끝으로 색을 채우며 묵상의 시간을 가질 수 있습니다. 단순한 색칠을 넘어, 예수님께서 걸으신 길을 하나하나 따라가며 기도하고 묵상할 때, 우리의 마음 안에도 그분의 사랑이 차츰 스며듭니다. 이 컬러링북을 통해 주님께 한 걸음 더 다가가고, 그분의 사랑 안에서 평화와 위로를 깊이 체험하시길 바랍니다.

신현진 엘리사벳(가톨릭 일러스트레이터) @ellie_hyunj

그림 그리는 신부님이 직접 쓰고 그린 『십자가의 길 14처 컬러링 북』은 '십자가의 길'을 주제로, 각 장면이 스테인드글라스처럼 아름답게 표현되어 있어요. 섬세한 구조적 형태 덕분에 색칠이 어렵게 느껴지셨던 분들도 부담 없이 편하게 시작하실 수 있답니다. 빛을 더하듯 한 칸 한 칸, 선을 따라 색을 채워 가다 보면 어느새 예수님의 수난과 사랑을 한 장면씩 마음에 새기며 기도하는 시간을 가질 수 있을 거예요. 사순 시기, 십자가의 길을 색다르고 찬란하게 묵상해 보고 싶은 분들께 꼭 추천드립니다.

김민정 다니엘라(가톨릭 일러스트레이터) @grigopeace

예수님께서 걸어가신 십자가의 길은 종종 어렵고 멀게만 느껴집니다. 『십자가의 길 14처 컬러링 북』은 그 길을 너무 무겁지 않게, 그리고 너무 가볍지도 않게 마음에 직접 닿는 방식으로 열어 줍니다.

고요함 가운데 책을 펼쳤습니다. 색을 골라 칠하고, 그림 속 예수님을 가만히 바라보며, "왜 이렇게 아프셨을까?" 하고 조심스레 물어봅니다. 이 컬러링 북은 단순히 색칠하는 책이 아니라 예수님 수난 속에 잔잔히 머무르는 공간으로 다가옵니다.

김은아 스콜라스티카(인천교구 착한 목자 성물 공방)

책을 만들며

사제 서품 7년차, 성장의 기쁨과 타성에 젖은 자신에 대한 슬픔이 교차하던 어느 날, 컴퓨터 한구석에서 파일 하나를 찾았습니다. 바로 성품성사의 기쁨이 아직 뜨거웠던 부제 시절, 신학교 십자가의 길 주례를 위해 썼던 십자가의 길 묵상이었습니다.

서툰 문체, 낯부끄러운 표현들, 시간에 쫓겨 급하게 적어 내린 문장들에 웃음이 나왔습니다. 한편 어딘가 그리운 마음도 들었습니다. 지금 십자가의 길 묵상을 쓴다면 조금 더 자연스럽고 유려하게 쓸 수 있겠지만 그 기도만큼 불타오르는 글을 쓰지는 못할 것 같았기 때문입니다.

그때 그 기도문에 하느님께서 제게 주신 작은 달란트인 그림을 덧붙여 여러분과 함께 나눕니다. 그림의 완성인 색칠은 여러분에게 양보해 드리겠습니다. 십자가의 길 14처를 묵상하면서 그림을 한 칸 한 칸 천천히 채우며 예수 그리스도의 골고타 여정을 저와 함께 느끼고 동반해 보시길 바랍니다. 분명 여느 때보다 더 큰 부활의 기쁨을 마주하실 수 있을 것입니다.

조재형 안드레아 신부

그림 설명

❶ 이 책의 그림은 우리가 평소에 흔히 보던 시선으로 담은 십자가의 길이 아닌, 새로운 시선으로 십자가의 길을 마주하도록 작업하였습니다.

❷ 예수님의 얼굴이 직접적으로 표현되지 않은 것은, 기도하는 분이 직접 예수님의 모습을 하실 수 있도록 하기 위함입니다.

❸ 이 책의 그림은 '쪼개기' 방식으로 작업하였습니다. 그림이 조각조각 나뉘어 복잡해 보일 수 있으나, 색을 고르는 데 조금만 신경을 쓴다면 비숙련자도 좋은 그림을 완성할 수 있습니다. 이는 단순해서 칠하기는 쉽지만 숙련자와 비숙련자의 결과물 차이가 큰 기존의 컬러링 북과는 다른 방식입니다.

❹ 칸이 나뉘어 있다고 반드시 다른 색을 칠해야 하는 것은 아닙니다. 필요하다면 여러 칸을 같은 색으로 칠해도 되고, 같은 계열의 다른 색을 다양하게 사용하면 예쁜 그림이 완성됩니다. 색칠에 익숙해지면, 빛이 어디서 들어오는지 상상하며 칠해 보세요.

❺ 자유로운 창작을 위해 책에는 완성 견본을 첨부하지 않았습니다.

❻ 색연필 사용을 권장합니다.

차례

추천사	4
책을 만들며	6
그림 설명	7
시작 기도	11
마침 기도	40

제 1 처 12

예수님께서 사형 선고 받으심을
묵상합시다.

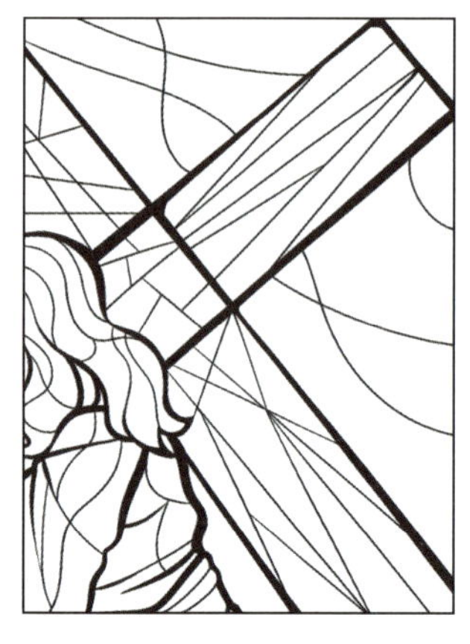

제 2 처 14

예수님께서 십자가 지심을
묵상합시다.

제 3 처

16

예수님께서 기력이 떨어져 넘어지심을
묵상합시다.

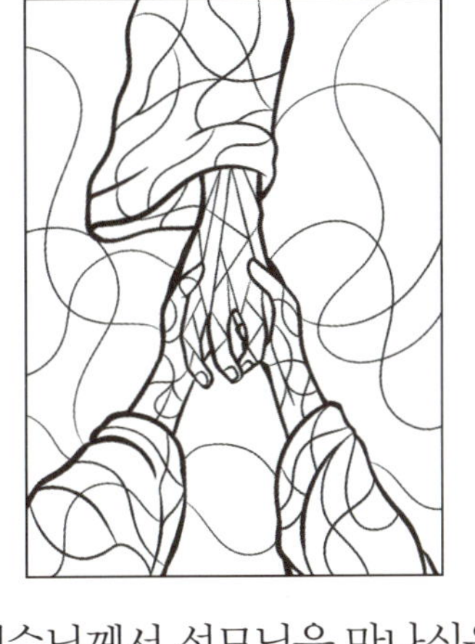

제 4 처

18

예수님께서 성모님을 만나심을
묵상합시다.

제 5 처

20

시몬이 예수님을 도와 십자가 짐을
묵상합시다.

제 6 처

22

베로니카, 수건으로 예수님의 얼굴을
닦아 드림을 묵상합시다.

제 7 처

24

기력이 다하신 예수님께서
두 번째 넘어지심을 묵상합시다.

제 8 처

26

예수님께서 예루살렘 부인들을
위로하심을 묵상합시다.

제 9 처

28

예수님께서 세 번째 넘어지심을
묵상합시다.

제 10 처

30

예수님께서 옷 벗김 당하심을
묵상합시다.

제 11 처

32

예수님께서 십자가에 못 박히심을
묵상합시다.

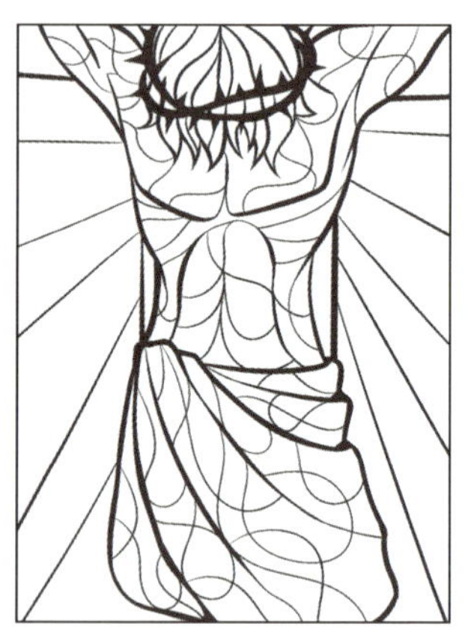

제 12 처

34

예수님께서 십자가 위에서 돌아가심을
묵상합시다.

제 13 처

36

제자들이 예수님 시신을
십자가에서 내림을 묵상합시다.

제 14 처

38

예수님께서 무덤에 묻히심을
묵상합시다.

시작 기도

주 예수님,
저희를 위하여 온갖 수난을 겪으신 십자가의 길을
이 시간 당신과 함께 걷고자 하나이다.

주님께서는 인간을 사랑하시어 하늘의 영광을 모두 비우시고
스스로 저희와 같은 인간이 되시어,
저희의 모든 아픔과 상처, 고통에 함께하시며
마침내 죽음까지도 받아들이셨나이다.

비오니, 이 짧은 시간,
저희로 하여금 주님의 희생과 헌신, 수난의 깊은 뜻을
온전히 느낄 수 있도록 이끌어 주소서.

또한 이 시간이 지나도
주님께서 보여 주신 사랑을
날마다 마음 깊은 곳에 간직하며 살아갈 수 있도록,
끈기와 인내의 은총을 베풀어 주소서.

우리 주 그리스도를 통하여 비나이다. 아멘.

제 1 처

예수님께서 사형 선고 받으심을 묵상합시다.

성난 군중 앞에 홀로 계신 주님,
당신 앞에 겉옷을 깔던 이들과
노래하던 이들은 모두 어디로 갔습니까?

이제 당신께는 경배도 노래도 없고,
오직 멸시와 사형 선고만 있을 뿐입니다.

저라면 분명 이 부당함 앞에 분노와 원망을 쏟아 냈을 텐데,
오직 침묵으로 견디시는 당신의 모습을 바라봅니다.

청하오니 주님,
당신의 그 무거운 침묵을 우리도 닮게 하소서.
세상의 부당함과 분노에 휘둘리지 않고,
오직 아버지의 뜻에 순명하며 견디게 하소서.

그 침묵이 곧 당신을 닮아 가는 길임을 깨닫게 하소서.

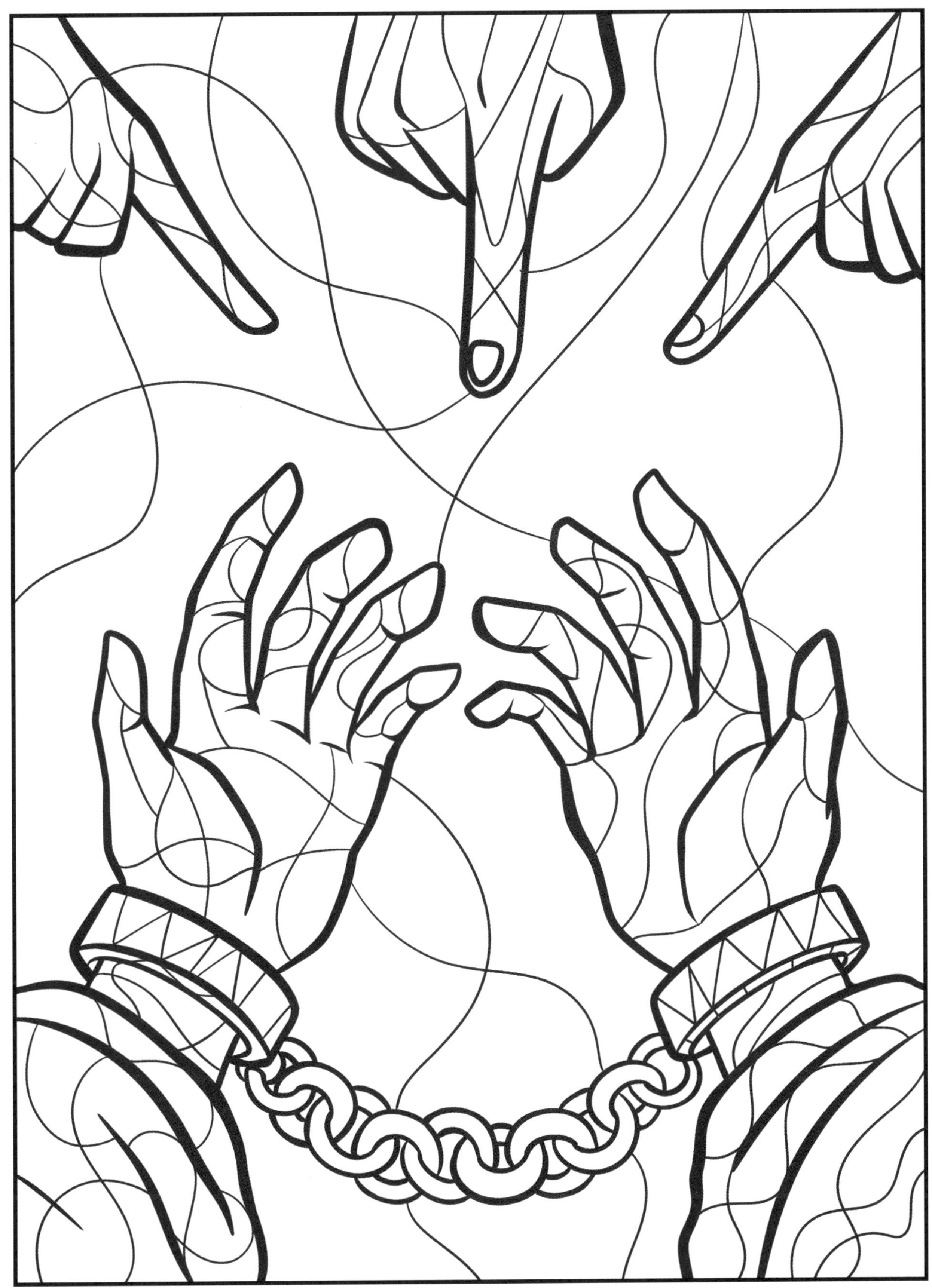

제 2 처

예수님께서 십자가 지심을 묵상합시다.

당신께서는 인간의 악함과 죄로 물든 저 나무를 받아 지십니다.
인간의 몸을 매달고 하루 종일 꼿꼿이 서 있어야 했던
저 십자가 나무는 얼마나 무거웠을까요?
그리고 그 위에 실린 우리 모두의 죄악은
그보다 얼마나 더 무거웠을까요?

그 누가 감당할 수도, 받아들이지도 않을 그 무게를 당신께서는
오직 순명하는 마음으로 어깨에 짊어지십니다.
그리고 앞으로 나아가십니다.

이제 당신의 희생과 헌신으로, 그 나무는
인간의 무자비함과 잔혹함, 혹은 죽음의 상징에 머물지 않습니다.
그 나무는 사랑의 희생과 희망, 구원의 표징이 되었습니다.

청하오니 주님, 당신의 십자가의 걸음을 따를 용기를 주소서.
나 자신만을 위해 살지 않고, 이웃의 짐도 함께 져 주며
마침내 세상의 죽음을 생명으로 바꾸어 낼 용기를 허락하소서.

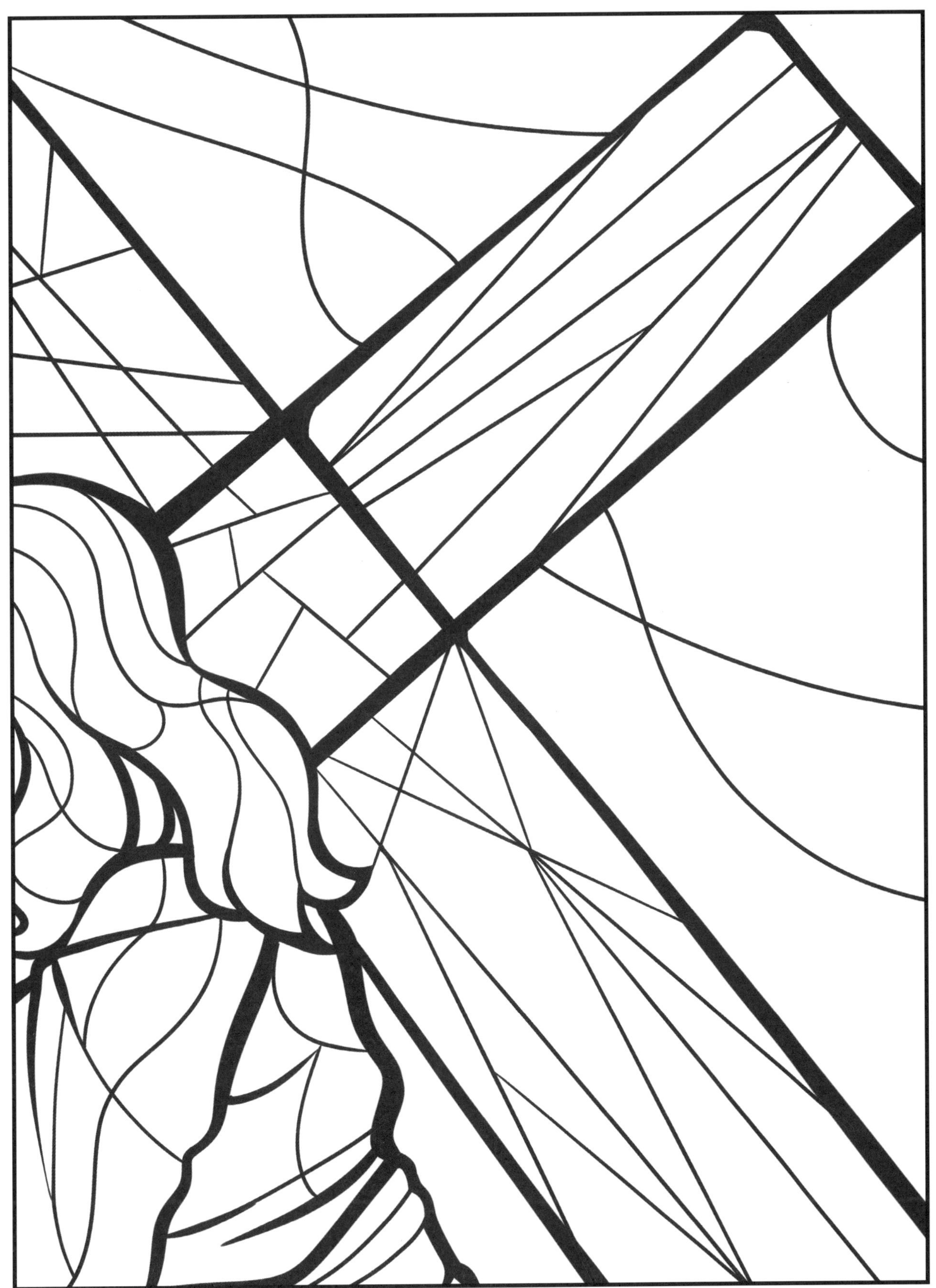

제 3 처

예수님께서 기력이 떨어져 넘어지심을 묵상합시다.

이미 십자가를 지기도 전에 모든 기력이 다하신 당신께서
결국 넘어지십니다.
땅바닥에 쓰러진 당신의 상처에는 이제 피와 흙이 엉겨 붙습니다.
쓰라린 상처로 지친 온몸, 제대로 뜨기조차 힘든 눈.
차마 바라볼 수 없는 당신의 모습을, 저는 조용히 바라봅니다.

군중은 당신의 애처로운 모습 앞에서도
어떤 동정도, 도움의 손길도 내밀지 않습니다.
당신은 조롱과 멸시의 시선을 마주하시지만,
그들을 용서하십니다.
그리고 그 자비의 힘으로 다시 일어나십니다.

청하오니 주님,
저희가 당신께서 보여 주신 끝없는 자비를 본받아 살게 하소서.
그리하여 사랑하기 쉬운 이들만이 아니라,
저희를 어렵게 하고 조롱하며 상처 주는 이들까지도
사랑하고 용서할 수 있는 마음을 주소서.

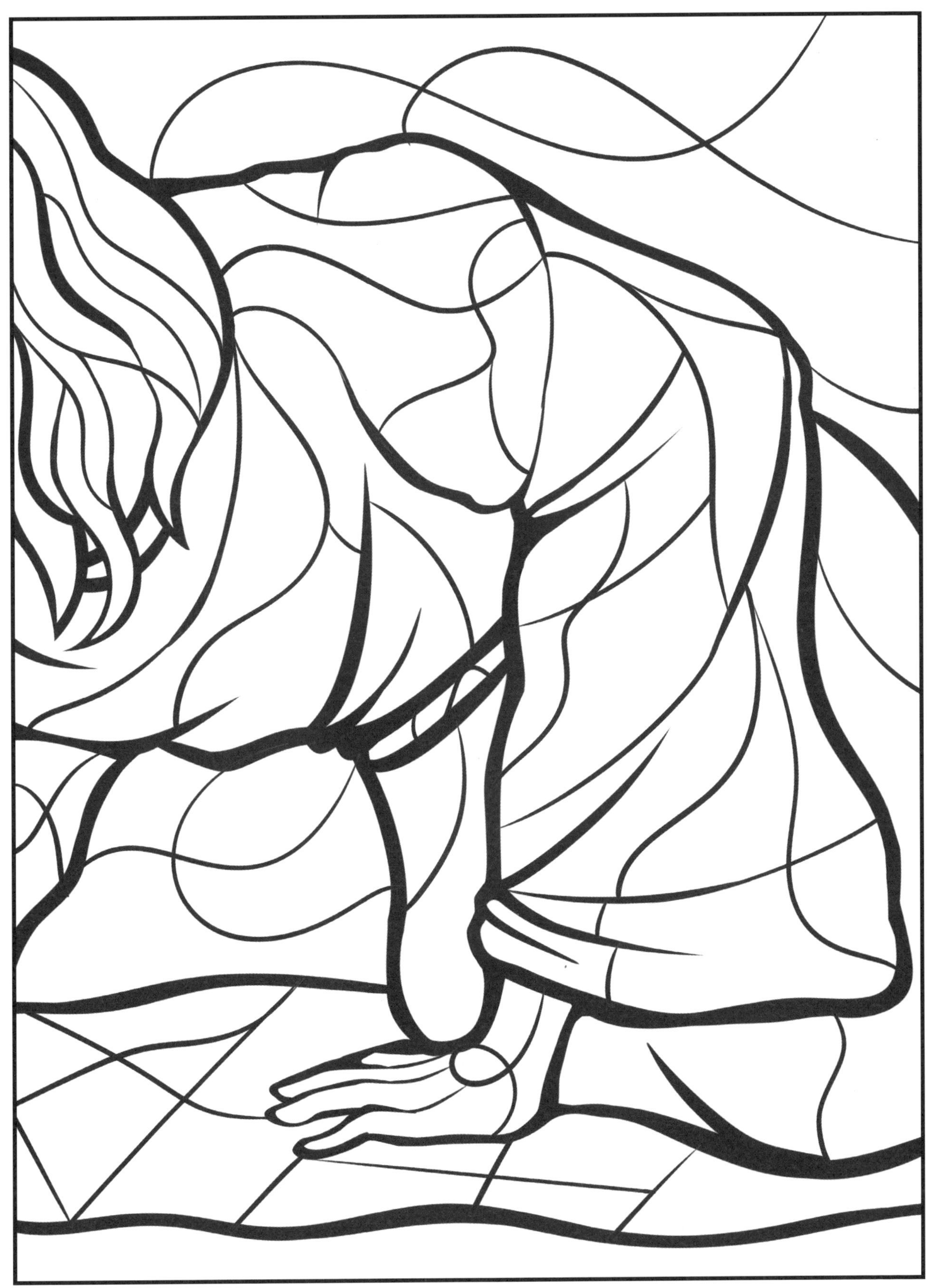

제3처 예수님께서 기력이 떨어져 넘어지심을 묵상합시다.

제 4 처

예수님께서 성모님을 만나심을 묵상합시다.

기나긴 기다림 끝에,
온 군중의 미움을 받는 사형수이신 당신과 어머니는
마침내 서로를 마주하십니다.

마주 선 어머니와 아들의 마음은
그 누구도 온전히 헤아릴 수 없을 것입니다.
사랑으로 키운 아들의 죽음을 바라보아야 하는 어머니의 마음을
누가 알 수 있겠습니까!
하느님의 뜻을 위해 죽음의 길을 가며
그 모습을 어머니께 보여야만 하는 아들의 마음을
누가 알 수 있겠습니까!

청하오니 주님,
아들과 마주한 어머니, 어머니와 마주한 아들의 마음을
느낄 수 있는 은총을 허락하소서.
자신의 고통보다 서로의 아픔을 더 아파하던
이 애틋한 모자처럼,
저 또한 지금 제 앞에 있는 이의 고통에
먼저 마음 아파할 수 있도록 이끌어 주소서.

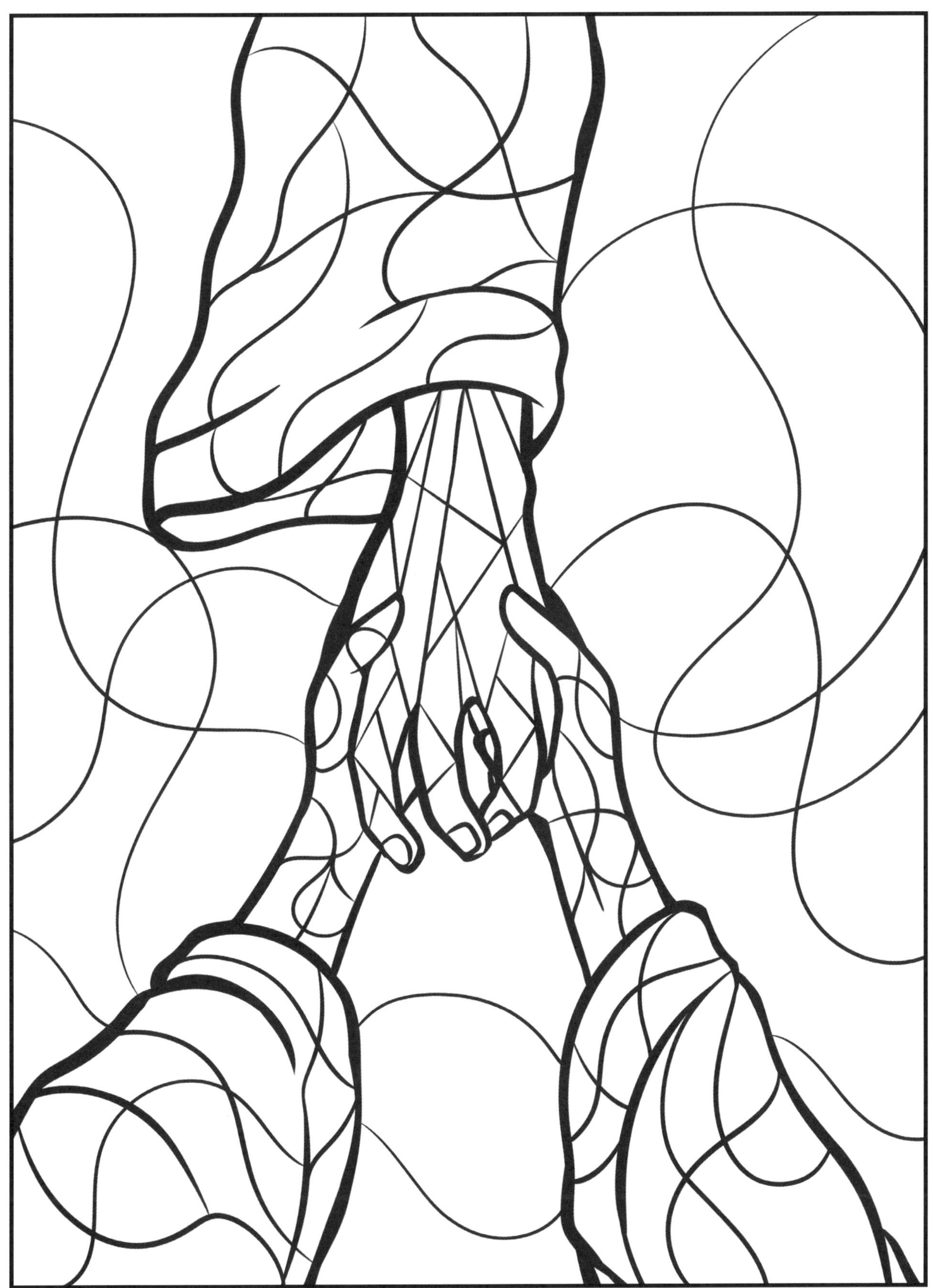

제 5 처

시몬이 예수님을 도와 십자가 짐을 묵상합시다.

인간의 창조주시며 온 인류의 구원자이신 당신께서
이제 인간의 도움을 받으십니다.

시몬이 당신의 수난의 짐을 나누어 지듯,
저희도 당신의 길에 동반하도록 부르심을 받았습니다.
인간의 연약함까지도 구원의 도구로 삼으시어
당신과 함께 짐을 질 수 있도록 해 주신
그 깊은 사랑을 바라봅니다.

청하오니 주님,
저희가 당신의 무거운 짐을 모두 대신 질 수는 없지만,
그 길을 당신과 함께 걸을 수 있음을
늘 알아차리게 하소서.
십자가의 희생 안에서 우리를 부르시는
당신의 음성을 들을 때,
저희가 깨어 기꺼이 응답할 수 있는
용기를 주소서.

제5처 시몬이 예수님을 도와 십자가 짐을 묵상합시다.

제 6 처

베로니카, 수건으로 예수님의 얼굴을 닦아 드림을 묵상합시다.

성난 군중과 잔혹한 군사들 사이로, 가녀린 한 여인이 용기를 내어 다가와 당신의 피와 땀으로 젖은 얼굴을 수건으로 닦아 드립니다.

저 무시무시한 무리를 뚫고 나온 이 여인의 힘은 어디서 나온 것일까요?
모욕과 손가락질에도 의연한 이 여인의 용기는 어디서 나온 것일까요?

여인은 비록 당신의 상처 입고 더럽혀진 온몸을 닦아 드릴 수는 없었지만,
당신의 피로 감긴 눈, 땀에 젖어 쓰라린 상처,
끊어질 듯한 숨결을 어루만져 드렸습니다.

주님, 주위의 시선에 늘 발만 동동 구르며 망설이는
저희 모습을 바라보아 주소서.
저희가 당신을 따르는 희생의 길이 때로는
이 세상의 흐름을 거스르는 길임을
저희가 가슴 깊이 받아들일 수 있게 하소서.

저희가 세상의 반대에도 두려움을 이겨 내고
이 여인처럼 당신 앞에 나설 수 있는 용기를 저희에게 허락하소서.

제6처 베로니카, 수건으로 예수님의 얼굴을 닦아 드림을 묵상합시다.

제 7 처

기력이 다하신 예수님께서 두 번째 넘어지심을 묵상합시다.

지극한 무게의 십자가와 고통에 짓눌려
다시 땅에 넘어지시는 주님을 바라봅니다.
숨을 잇기도 어려운 이 고단한 순간에 제 마음에는
주님께서 이제 차라리 그 자리에 누워 쉬시기를,
이제 그만 하시기를, 하는 간절한 바람마저 솟구칩니다.

그러나 주님, 이렇게 넘어진 자리에서도 당신은 다시 일어나십니다.
아버지의 뜻에 끝까지 순명하기 위하여
세상의 구원을 온전히 이루기 위하여
마련된 죽음의 터를 향해
다시 십자가를 지고 묵묵히 걸음을 옮기십니다.

사랑하는 주님,
늘 '이 정도면 되었지, 어쩔 수 없어.'라고 스스로를 합리화하는
제 나약함을 깨닫게 하소서.
그리고 고통의 신비 속에 드러나는
주님의 사랑과 순명을 바라보며 그 나약함을 이겨 내게 하소서.

제7처 기력이 다하신 예수님께서 두 번째 넘어지심을 묵상합시다.

제8처

예수님께서 예루살렘 부인들을 위로하심을 묵상합시다.

죽음으로 향하는 길 위에서 주님께서는
당신을 사랑하는 이들의 얼굴을 알아보십니다.

성난 군중 속에서도 조용히 눈물 흘리던 예루살렘 부인들,
여린 연민과 진실한 슬픔으로
주님의 수난에 함께하던
작은 이들의 마음을 당신은 외면하지 않으십니다.

수난의 한복판에서도 당신은
고통 속에 머물지 않으시고 예루살렘 여인들을 향해 나아가십니다.
위로를 기다리기보다 오히려 위로를 건네시는 분으로,
고통받는 저희 곁에 끝까지 머무시는 분으로
당신은 저희에게 드러나십니다.

주님, 예루살렘 여인들에게 다가가셨던 당신처럼,
저희도 복잡하고 어두운 이 세상 한가운데서
말없이 울고 있는 이들을 알아보게 하소서.
그들에게 위로와 격려를 전할 수 있는
너른 마음을 저희 안에 길러 주소서.

제8처 예수님께서 예루살렘 부인들을 위로하심을 묵상합시다.

제 9 처

예수님께서 세 번째 넘어지심을 묵상합시다.

당신은 마침내 마지막으로 넘어지시어
땅과 하나 되듯 그 위에 엎드리십니다.

가장 존귀하고 영광스러우셔야 할 당신께서
가장 낮고 초라한 모습으로
스스로를 낮추시는 길이 무엇인지를
저희에게 몸소 보여 주십니다.

저희는 이제 당신의 그 초라함을 바라보며
그 너머로 빛나는 당신의 겸손을 바라봅니다.

주님,
저희에게도 저희의 초라함과 넘어짐을 숨기지 않고
겸손으로 받아들일 수 있는 용기를 주소서.
저희의 나약함이 오히려
당신께 나아가는 디딤돌이 됨을 믿고 따르게 하소서.

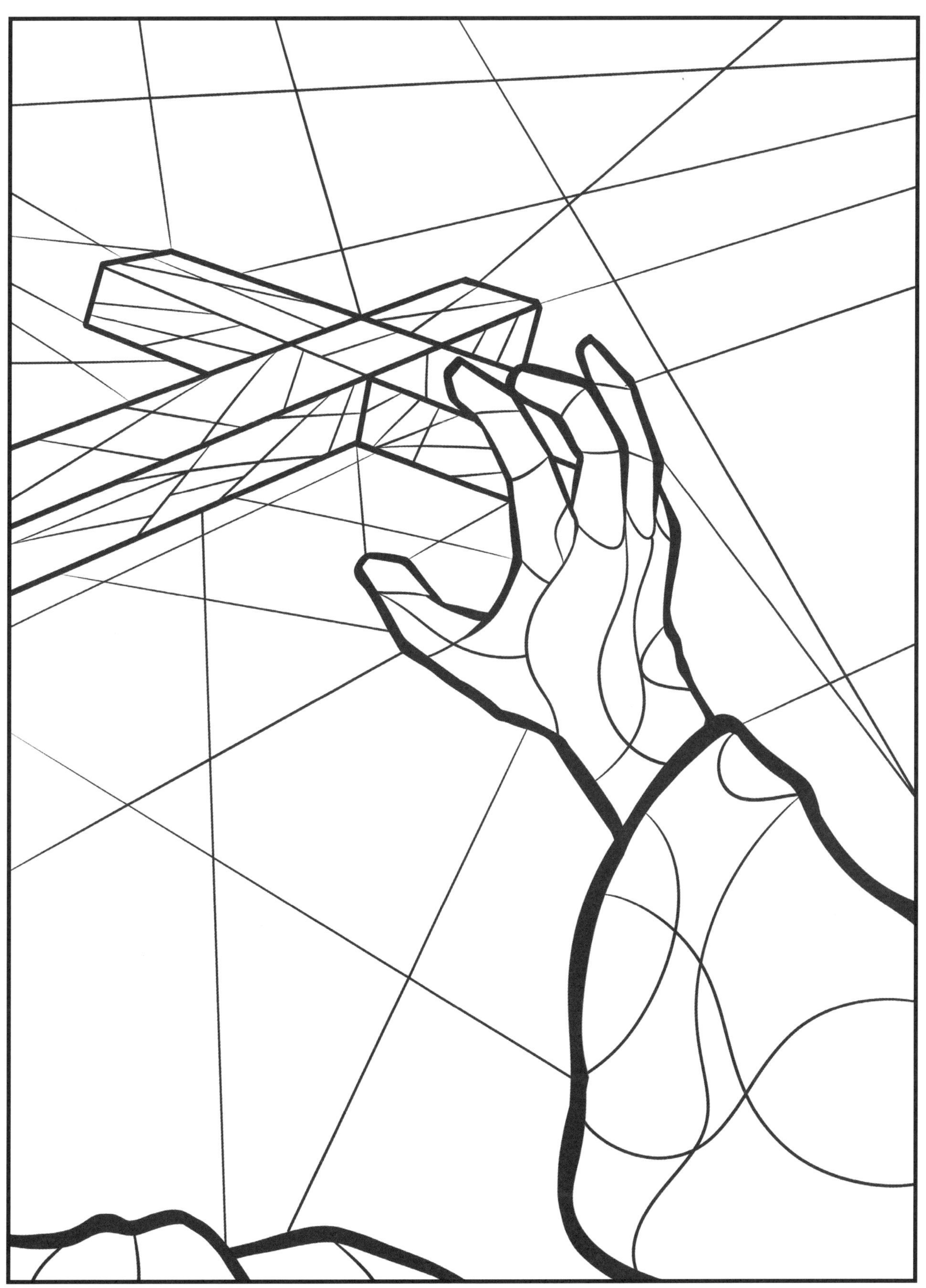

제 10 처

예수님께서 옷 벗김 당하심을 묵상합시다.

머리 누일 곳 하나 없이 사시며,
하느님의 뜻을 따르는 이들을
당신의 가족이라 부르셨던 주님께서는
이제 마지막 남은 옷가지마저 내어놓으십니다.

그 앞에서 인간으로서의 존엄성,
자신을 지킬 마지막 경계마저 허물어지지만
당신은 멸시와 조롱 속에서도
아무것도 붙잡지 않으십니다.

청하오니 주님,
그 철저한 '비움'을 저희가 삶으로 배우게 하소서.

아직도 많은 것을 붙들고 살아가는 저희가
집착과 두려움을 내려놓게 하시고,
받은 것을 붙잡지 않고 흘려보내셨던
당신의 가난을 살아가게 하소서.

제10처 예수님께서 옷 벗김 당하심을 묵상합시다.

제 11 처

예수님께서 십자가에 못 박히심을 묵상합시다.

인간의 잔혹함과 무정함이 망치가 되어
십자가 위 주님의 몸에 차가운 못을 박습니다.
날카로운 죄의 못은 당신의 살과 근육을 꿰뚫고 뼈 깊숙이 박혀,
십자가 아래로 뜨거운 피가 흘러내립니다.

서로에게 상처 주는 데서 멈추지 못한 인간의 죄는
세 개의 못과 감정 없는 망치질로
마침내 구원자이신 당신을 십자가에 못 박았습니다.

비명조차 삼켜 버릴 만큼의 극심한 고통을 당신은 홀로 감내하시지만,
저희는 그저 멀찍이 서서 바라볼 뿐 그 아픔의 깊이를 다 헤아리지 못합니다.

주님, 저희가 당신을 외면하고 죄를 선택하는 모든 순간이
그날의 못과 망치처럼, 당신의 마음을 다시 아프게 한다는 사실을
결코 잊지 않게 하소서.

십자가에 못 박히신 주님, 당신의 상처에 저희의 상처를 맡깁니다.
저희를 치유하시고, 저희 또한 당신처럼
상처 입은 이들을 품는 치유자가 되게 하소서.

제 12 처

예수님께서 십자가 위에서 돌아가심을 묵상합시다.

우리와 함께하시기 위해,
또 우리가 당신 안에서 살 수 있음을 드러내시려
이 세상에 오신 주님은
인간의 가장 큰 나약함인 죽음마저 기꺼이 받아들이십니다.

아무것도 걸치지 못한 채 십자가 위에서 모욕을 당하시고
숨을 거두시는 그 치욕스럽고 초라한 죽음조차
당신은 모든 이 앞에 내보이십니다.

이제 우리는 당신의 죽음이 슬픔일지라도
결코 절망이 아님을 압니다.
그 죽음은 우리의 모든 고통 속에
당신께서 함께하심을 드러내는
희망의 표지가 되었습니다.

주님, 어떤 고통 속에서도
당신께서 저희와 함께하심을 기억하게 하시고,
저희의 고통을 당신께 맡겨
부활의 희망 안에서 이겨 낼 힘과 용기를 주소서.

제12처 예수님께서 십자가 위에서 돌아가심을 묵상합시다.

제 13 처

제자들이 예수님 시신을 십자가에서 내림을 묵상합시다.

저 커다란 나무 위에서 식어 간 주님의 시신을
제자들이 내려 안습니다.

희망과 생명의 상징, 구원의 표지가 된 십자가에서
당신의 몸을 받아 안는 순간,
온 예루살렘을 가득 채웠던 모욕과 멸시는
더 이상 들려오지 않습니다.

온몸의 수많은 상처와 손발을 뚫은 못 자국,
옆구리의 물과 핏자국만이,
당신이 수난하시고 돌아가셨음을 보여 줍니다.

끝이 없을 듯했던 처절한 수난을 마치시고 이제 쉬시는 주님,
어머니의 품에 안기신 주님,
당신의 고통과 흔적을 우리 마음에 새기시어
저희가 늘 기억하며 살아가게 하소서.

저희도 각자의 삶 속에서
당신의 수난에 참여하며 구원의 도구가 되게 하소서.

제 14 처

예수님께서 무덤에 묻히심을 묵상합시다.

빛으로 오신 주님,
이제 당신은 잠시 어둠 속에 머무르십니다.

그 고통과 죄악으로 무거워진 시신을 무덤에 모시는 것은
더 큰 빛을 위해 잠시 어둠에 몸을 맡기시는 것입니다.

당신의 죽음이 무덤에서 마무리되고,
부활이 그곳에서 시작되는 것은
우리로 하여금 죽음과 고통의 공포에서 벗어나
오직 당신을 따라 살아가게 하려는
헤아릴 수 없는 사랑의 배려입니다.

주님,
지금 삶이 어둠 속에 있더라도
저희가 늘 당신을 향해 살아가며
오직 그 길만을 따라 걸어가게 하소서.
다시 밝은 빛으로 찾아오실 주님을
믿음과 희망으로 기다리게 하소서.

마침 기도

사랑하는 주님,

저희는 이 짧은 시간 당신의 수난과 죽음을 묵상하며

당신의 크신 사랑 안에 머물렀습니다.

하지만 나약한 저희는

이 자리를 떠나 일상으로 돌아가며

그 사랑을 쉽게 잊고

다시 멀어질까 두려워합니다.

주님, 부디 저희의 나약함을 굽어보시어,

일상의 순간마다 당신의 수난과 죽음에 담긴

사랑을 항상 떠올리게 하소서.

그리고 그 사랑을 우리 각자의 삶 안에서

실천하고 드러낼 수 있는 용기를 주소서.

우리 주 그리스도를 통하여 비나이다. 아멘.